CB045655

Só você, papai...

Só você, papai...

Gabriela Nascimento

Editora Gente

Editor
Mauro Silveira

Coordenação editorial
Elvira Gago

Capa e projeto gráfico
Marcelo S. Almeida

Impressão e acabamento
Gráfica Alaúde

Copyright © 2005 by Gabriela Nascimento

Todos os direitos desta edição são reservados à Editora Gente.
Rua Pedro Soares de Almeida, 114
São Paulo, SP CEP 05029-030, telefone: (11) 3670-2500
Site: http://www.editoragente.com.br
E-mail: gente@editoragente.com.br

Dados Internacionais de Catalogação na Publicação (CIP)
(Câmara Brasileira do Livro, SP, Brasil)

Nascimento, Gabriela
    Só você, papai... / Gabriela Nascimento. -- São Paulo : Editora Gente, 2005.

ISBN 85-7312-461-X

1. Conduta de vida 2. Felicidade 3. Pai e filho I. Título.

05-4311   CDD-646.78

Índices para catálogo sistemático:
    1. Filho e pai : Relacionamento : Vida familiar 646.78
    2. Pai e filho : Relacionamento : Vida familiar 646.78

"Meu pai não me disse como viver; ele viveu e me deixou observá-lo."

Clarence Buddinton Kelland

Oi, pai!

Sabe aqueles

dias em que sua vida passa como um filme em sua mente?

Quando todos os acontecimentos marcantes
e as pessoas especiais que compartilharam sua história
surgem com força nas lembranças?

Pois hoje é um desses dias, pai! Dia de eu me lembrar de quanto **você tem sido importante** para mim.

Você esteve ao meu lado desde o princípio... Foi tão bom dar meu primeiro chorinho em seus braços!

Aprendemos juntos o que é
amor à primeira vista.
Afinal, depois daquele dia a gente nunca mais se largou.

E você, que nunca teve muito jeito com crianças, logo se transformou num
verdadeiro Paizão...
Desses com "P" maiúsculo mesmo!

Pai que inspira
o filho a seguir seus passos,

que o traz para perto na hora de torcer (ou brigar!) pelo time do coração, que faz o filho enxergar o mundo em seus mais variados ângulos.

Pai que faz questão de reunir a família todo dia para jantar juntos e jogar conversa fora.

Você está sempre tentando me ensinar algo novo, diferente.
E vive me dizendo:
"Observe, aprenda, faça você mesmo. Você é capaz!"

Por isso não via a hora de você chegar em casa para
me atirar em seus braços.

Vou confessar um **segredo:** sabe por que eu sempre tentava ir para a cama mais tarde apesar das broncas da mamãe? Para poder matar a saudade de um dia inteiro sem você ao meu lado.

Você sempre dá um jeitinho de me agradar, de me mimar.

Até pagar aquele mico se vestindo de Papai Noel no Natal você já teve de encarar. É, pai faz qualquer coisa para agradar o filho.

E quando você inventava uma história com meus personagens preferidos? Naqueles momentos mágicos, nada parecia existir à nossa volta.

Lembra quando meti na cabeça que ia aprender a dirigir?
Eu vivia pegando as chaves do seu carro, mas você conseguiu me provar
por A + B que tem hora pra tudo.

Também não esqueço suas **noites em claro,** tentando descobrir o que me deixava mal.

Dá para perceber seu lado durão indo por água abaixo ao menor sinal de um sorriso meu...

Hoje eu me lembro de cada passeio que a gente fez,

cada brincadeira,

cada briguinha e cada vez que fizemos as pazes.

São lembranças gostosas, com sabor de nostalgia. Uma saudade que aquece o peito e me faz compreender quanto somos felizes.

Sei que não foi fácil se fazer presente o tempo todo.

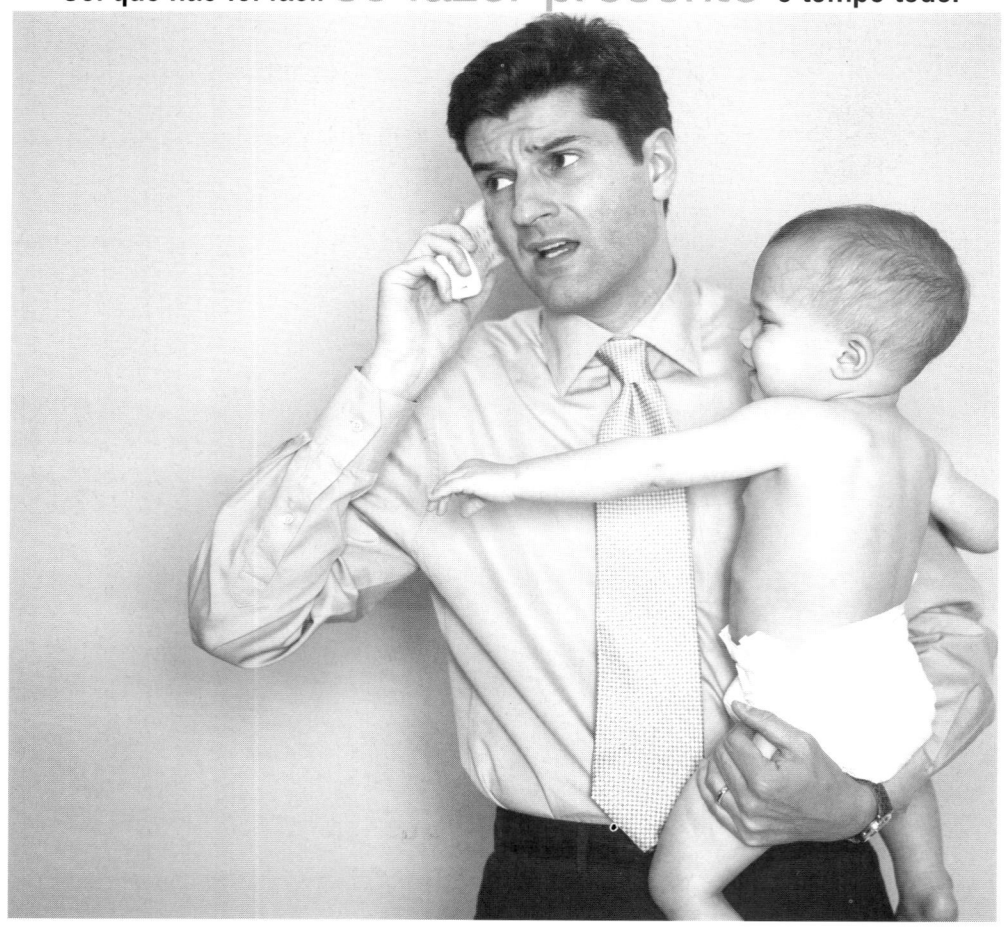

Mas você conseguiu isso até quando precisou estar longe.
Achou cada solução criativa para falar comigo!

Aprendi que nem sempre é preciso estar ao lado da pessoa para dizer quanto ela é importante.

Existem muitos
jeitos de mostrar isso.

Afinal, o que realmente conta numa relação pai e filho é **o amor!** E amor sempre teve de sobra entre a gente.

Talvez eu ainda não tenha dito isso a você.
Pronto, vou falar agora para não me arrepender mais tarde:
EU TE AMO, PAPAI!

Hoje está tudo tão claro
e intenso que preciso compartilhar essas imagens com você,

o grande responsável por
tudo aquilo que sou e serei na vida.

Só você, papai, cuida de mim com tanto carinho.

E também sabe dizer
"não"
com jeitinho,
sem magoar.

Só você, papai,
mostra como conciliar responsabilidade e amizade.

E educa com sabedoria.

Você me ensinou a fazer de cada acontecimento
um momento único na vida.
E eu aprendi isso direitinho!

Por isso,
quando penso na nossa história juntos,
fico sempre com uma certeza: você já era minha fonte de inspiração
antes mesmo de eu ter consciência disso.

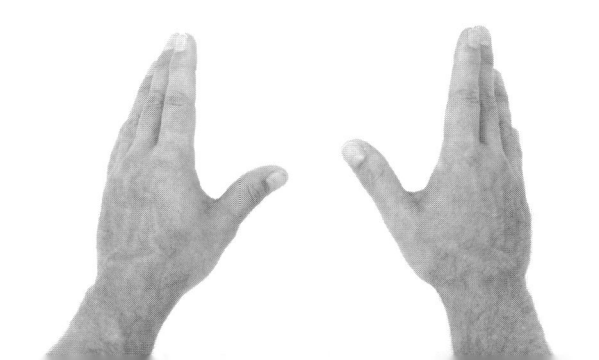

Ah, papai, se você soubesse como é bom tê-lo como **companheiro e amigo,** como referência...

Hoje quero mesmo é lhe oferecer minhas recordações, meu carinho e todo o meu imenso amor.

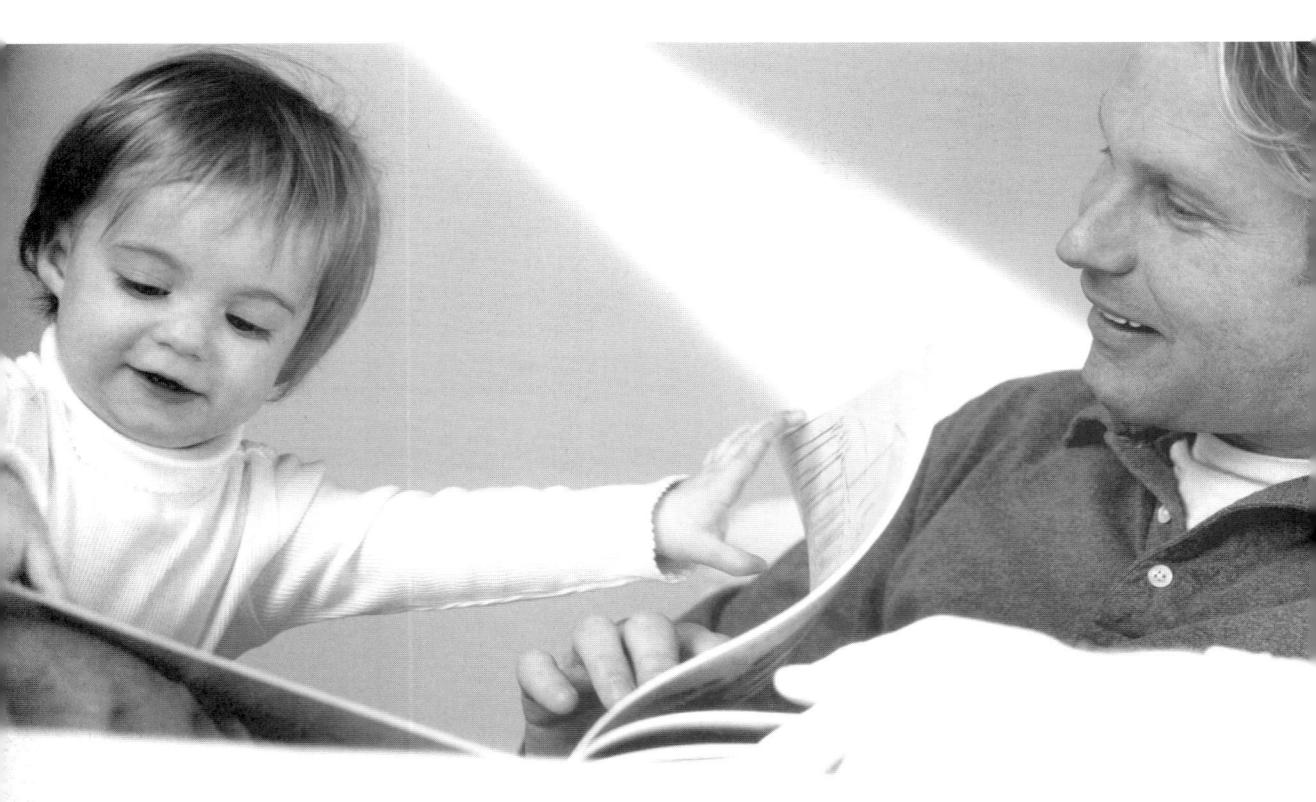

Amor pelo pai
professor,

pai trabalhador,

pai brincalhão,

pai avô,

pai coruja,

50

pai amigo,

pai criança,

pai babão,

pai apaixonado,

pai que topa todas.

São tantos pais e tantos amores igualmente correspondidos e vividos que só posso **me sentir cada vez mais feliz!**

E, já que dizem que todo pai é coruja, vou lhe confessar uma coisa: eu também sou um filho coruja.

Tá na cara quanto eu gosto de você.

Já me contaram que você só fala de mim com muito orgulho.

Ah, papai, nessas ocasiões
fico todo derretido.

Sei que você não se dá conta
das vezes em que me salvou de
enrascadas...

E você sempre ficou do meu lado,
me orientando e **me guiando.**

Ser pai

não é para qualquer um...

Menos ainda ser o
MEU pai!

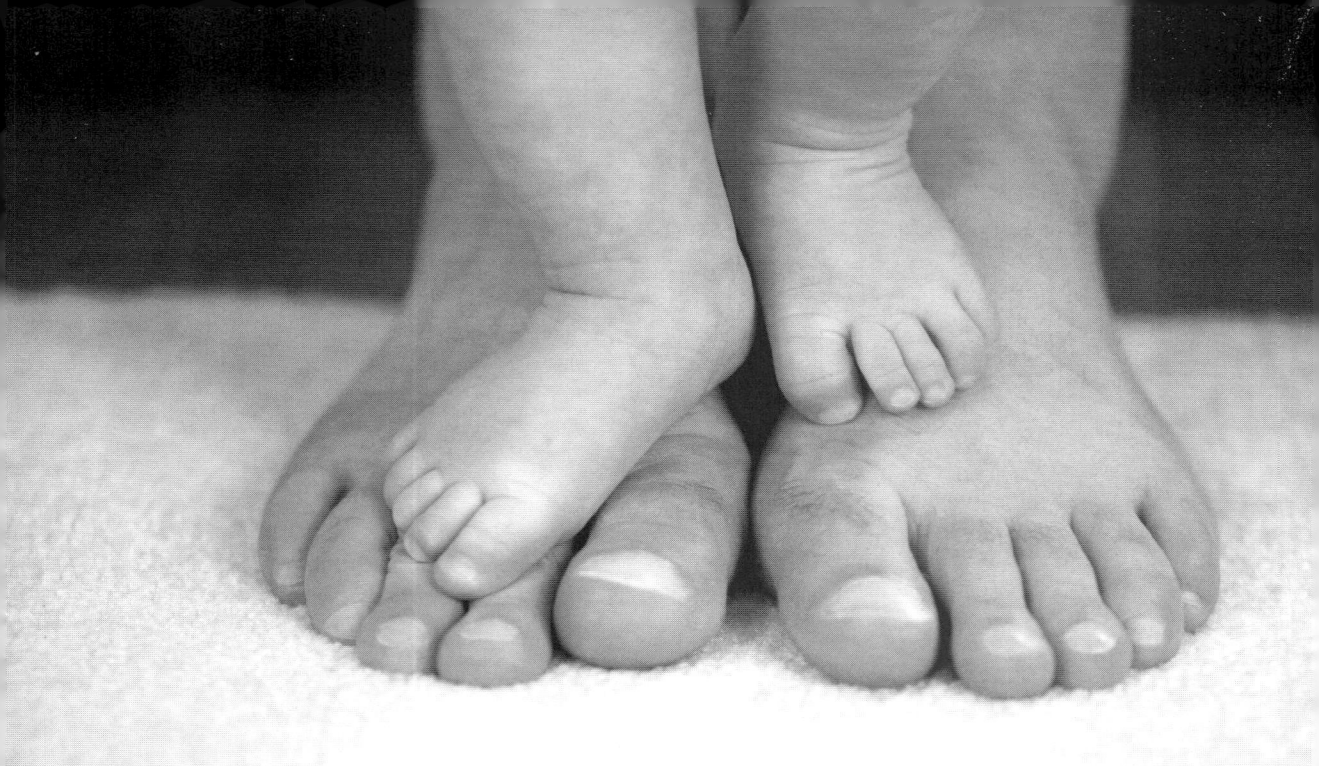

Mas, apesar das nossas diferenças, você é meu **porto seguro** e **orienta meus passos.**

Um pai que transforma a vida em alegria,
o medo em determinação e o **lar em amor.**
Enfim, um verdadeiro pai herói!

Valeu, Paizão.

Obrigado por estar ao meu lado e deixar que eu faça parte da sua vida. Obrigado por enriquecer tanto o **meu mundo!**

Cole sua foto aqui.

Com amor e carinho,

_____

Dedicatória

Ao meu pai, Moa, meu eterno carinho e gratidão pelo seu esforço em dar, em ter, em estar, em ser...

Em cada situação você soube DAR o melhor de si, soube TER o melhor da vida, soube ESTAR ao meu lado e, principalmente, soube SER o melhor pai que um filho poderia desejar!

Valeu, Paizão, por você contribuir tão grandemente para a minha existência e o meu bem-estar.

Saiba que todo o seu zelo não foi em vão...

Eu te amo demais!

Agradecimentos especiais

À minha mãe, Nia, por tudo o que me propiciou até hoje: muito amor, carinho, respeito, dedicação, apoio, confiança em mim, um lar, uma família, uma identidade e uma história!

Aos meus familiares queridos, sempre incentivadores: meus irmãos, Fê e Dan, meus padrinhos, Kuqui e Léo, minhas avós, Dora e Melhinha, minha tia Rose, meus tios Neco e Tânia, minha prima Marina e sua mãe, Vivian, meus tios Marta, Nio e minha prima Giovanna... Enfim, todos os que compartilham comigo o verdadeiro significado da palavra FAMÍLIA! Amo todos vocês.

Aos que não estão mais aqui, mas fizeram parte da minha vida e tornaram-se essenciais: minhas bisas, Pina e Regi, e meus avôs, Nélson e João. Um carinho especial ao "tio" Dirceu...

Ao pai das minhas filhas, Maurício, pelo carinho de sempre e por se esforçar a todo instante para ser o melhor pai do mundo que a Lara e a Luísa poderiam desejar!

À Paula, pela companhia, pela paciência em me ouvir sempre e pela ajuda na escolha das imagens deste livro.

Sobre a autora

Gabriela Nascimento é jornalista, escritora e consultora de Língua Portuguesa. No jornalismo passou por vários veículos de comunicação: jornal, revista e televisão. Trabalhou também na área editorial, prestando serviços de revisão e preparação de textos para diversas editoras e chegando ao cargo de coordenadora editorial.

É autora dos livros *gift* Eu te amo! (que esteve dezesseis semanas na lista dos 10 mais vendidos), *Vovó, mamãe com açúcar, Loucuras de amor, Isso que é amigo* e *Feliz Natal para você!*.

Como consultora de Língua Portuguesa, ministra palestras e cursos *in company* sobre "Qualidade em Comunicação Escrita". É consultora-parceira da Associação Brasileira das Relações Empresa Cliente (Abrarec).

Outras publicações da Editora Gente

1. *Casais Inteligentes Enriquecem Juntos – Finanças para casais*
   Gustavo Cerbasi

2. *As Coisas Boas da Vida*
   Anderson Cavalcante

3. *Empregabilidade – Como ter trabalho e remuneração sempre*
   José Augusto Minarelli

4. *Energize-se – Alternativas para melhorar sua qualidade de vida sem radicalismos*
   Virginia Nowicki

5. *Mentes Inquietas – Entendendo melhor o mundo das pessoas distraídas, impulsivas e hiperativas*
   Ana Beatriz B. Silva

6. *Metacompetência – Uma nova visão do trabalho e da realização pessoal*
   Eugenio Mussak

7. *Metanóia – Uma história de tomada de decisão que fará você rever seus conceitos*
   Roberto Adami Tranjan

8. *Ninguém Tropeça em Montanha – Cuide dos detalhes da vida*
   Tadashi Kadomoto

9. *Organize-se – Soluções simples e fáceis para vencer o desafio diário da bagunça*
   Donna Smallin

10. *Pedagogia do Amor – A contribuição das histórias universais para a formação de valores das novas gerações*
    Gabriel Chalita

11. *Quem Ama, Educa!*
    Içami Tiba

12. *O Sucesso É Ser Feliz*
    Roberto Shinyashiki

13. *Virando Gente Grande – Como orientar os jovens em início de carreira*
    Sofia Esteves do Amaral

14. *Você É do Tamanho de seus Sonhos – Estratégias para concretizar projetos pessoais, empresariais e comunitários*
    César Souza

15. *O Vôo do Cisne – A revolução dos diferentes*
    José Luiz Tejon Megido